I0781360

Il narratore di storie

GIUSEPPE CICCIA

Il narratore di storie

RACCONTI

Premessa

Mark è un giovane scrittore itinerante di New York, per sbarcare il lunario scrive delle storie inedite ai passanti che ne fanno richiesta. Con spontaneità e naturale passione, ogni mattina si reca in Central Park, e occupata la solita panchina, comincia a scrivere delle bellissime storie raccontate dai passanti occasionali. Ogni racconto è breve, al massimo due pagine. Il racconto è messo subito per iscritto grazie alla macchina per scrivere che Mark porta sempre con sé. Dopo aver terminato il testo, piega il foglio in due e lo consegna al passante con un gran sorriso, e questi, decide a sua volta se lasciare o no un'offerta. Il racconto è un dialogo tra lo scrittore e il passante, e Mark, volentieri lo aiuta a costruire la sua storia, facendo risaltare i sentimenti più nascosti.

Il desiderio di un bambino

"Voglio costruire un ponte."
"Per costruire un ponte ci vuole molto tempo e potrebbe essere difficile farlo perché i tuoi concittadini non sono interessati a costruirlo. Devi pensare a quale tipo di ponte vuoi fare. Un tipo di ponte è quello sospeso e un altro tipo di ponte è quello ad arco. Quello di Brooklyn è un ponte sospeso ed è stato costruito da John Roebling e la sua famiglia, e questo è tutto ciò che ricordo dalla seconda elementare. Il ponte deve essere forte perché l'acqua può salire e spingerlo su."
" Mi piacerebbe costruirne uno nel Wisconsin perché ci sono molte persone che non ne hanno, ma non so davvero, dove sia il Wisconsin."

Più forte dell'amore

"Mi preoccupo molto pensando che un giorno mia sorella si separerà da me e nessuno capirà che è sorda. È sempre stata molto gentile e paziente con me e tante volte ho avuto difficoltà ad avvicinarmi a lei e chiederle come stava. Ma non importa quante volte ho dubitato, lei continuava a dire: non vado da nessuna parte."

La confessione di un'adolescente

"Ho sempre avuto un atteggiamento arrogante durante la mia vita, e sto imparando a cambiarlo continuamente se voglio riuscire a migliorare; ho capito che non importa quanto sei intelligente se nessuno vuole lavorare con te. Questa è la mia vera debolezza."
 "Allora, qual è il tuo punto di forza?"
"Ho un'intelligenza grezza, non so in quale altro modo descriverla!"

Un'innocente bugia

"Sto cercando di essere sempre più fiduciosa in me stessa, anche se il mio ragazzo odia mia madre."
"Che cosa ti fa sentire più in colpa nella vita?"
"Mentire sul mio disturbo alimentare e dire ai miei genitori che sto bene, anche se non lo sono per niente."

Essere disabile

"Voglio rendere la vita più facile alle persone che hanno disabilità. So cosa vuol dire, perché ho vissuto in un orfanotrofio cinese fino all'età di dieci anni e non potevo andare a scuola perché non riuscivo camminare. Ma questa è solo una piccola parte di quello che vorrei fare. Voglio diventare un diplomatico, viaggiare e fare ogni genere di cose che non hanno nulla a che fare con l'essere disabile. Non voglio che la gente abbia pietà di me. Non voglio essere un'altra 'povera lei'. Non voglio pietismo dalle persone. Il 'pietismo' è una parola che le persone disabili sentono molto. Ma per me è paternalistico. Non sto vivendo una vita meravigliosa come persona disabile. Sto vivendo una vita meravigliosa, punto. Questa mattina sono stata accettata alla London School of Economics. Ora aspetta, lasciami mettere un po' di lucidalabbra prima di continuare a scrivere la mia storia."

Ex carcerato

"Sono stato in prigione dieci anni, ma questo è tutto passato."
"Per che cosa?"
"Perché dovrei dirtelo?"
"È la tua storia!"
"Crimine organizzato... presumo."

Il college

15

"Ho avuto una piccola discussione nel college, quindi penso di andare via e arruolarmi nelle riserve dell'Air Force."
"Che tipo di discussione?"
"Secondo loro, non ho seguito le lezioni."

Un'amara esperienza

"Sono stata abusata sessualmente tra gli otto e dodici anni. Ma onestamente, non mi piace neanche parlarne più, perché sono finalmente arrivata al punto in cui non m'interessa più. Per molto tempo mi sono vista come una vittima, ma sono andata oltre. Ora sono in un posto in cui mi rendo conto che la vita è fatta per creare e godere, e che il mio futuro sarà il risultato delle decisioni che prenderò."

Riflessione

17

"Vedo qualcosa negli animali che non c'è negli uomini. Hanno una concentrazione e un'energia che gli uomini non hanno. Vogliono solo vivere. Non stanno cercando di impressionare nessuno. Non stanno cercando di ferire nessuno senza motivo. Anche il topo che vedi nella metropolitana: il suo unico scopo è trovare il cibo di cui ha bisogno per sopravvivere. Gli animali vogliono solo vivere. Sono gli uomini che richiedono più del necessario."

Il braccialetto

18

"Ho ricevuto questo braccialetto da un fotografo che ho incontrato a Istanbul, me l'ha dato dopo una notte di bevute. Diceva che ogni volta che le cose andavano male, contava le perline e, per ognuna, ricordava qualcosa di cui era grato."

Il guaritore

19

"Sono un guaritore sciamano. Il mio corpo è qui ma il mio spirito è da un'altra parte. Ho circa trecento video su You Tube in cui parlo di questa roba. Quando voglio qualcosa, e la immagino abbastanza difficile, succede. Lo seleziono, lo proietto, lo aspetto e lo raccolgo."

Pensieri

"Sto imparando a gestire i miei sentimenti negativi, come l'invidia. Sono invidiosa di tutte le cose normali. Donne in carriera di grande successo, e cose del genere. Sto cercando di resistere alla mia invidia. Ma se lo accetto come fatto naturale e non mi giudichi, sono certa che passerà come una nuvola."

La confessione di una signora

"Ero ossessionata dalla cucina. Era tutto ciò cui pensavo. Ho fatto spettacoli di cucina sulla BBC. Ho scritto ventisette libri di cucina. Ho scritto un intero libro di cucina sull'aglio. Poi, una notte, stavo modificando le bozze del mio ventisettesimo libro, quando ho preso un pennarello e ho disegnato una sirena su un pezzo di carta straccia. Ho guardato quella sirena, anche lei mi ha guardato, e non ho più pensato di cucinare di nuovo. Da quel momento non ho pensato a nient'altro che all'arte. Avevo sessant'anni quando feci il cambio. Non sono sicura di cosa lo abbia causato. Sarà stata la menopausa, un disturbo psicotico o una musa mi ha morso sul sedere?"

Il candidato alle elezioni

"Ho corso per senatore nella Repubblica Dominicana. Ho fatto campagna elettorale per quattro anni. Andavo di porta in porta, mangiavo nelle case della gente, facevo interviste radiofoniche, disegnavo cartelli. Quando sembrava che potessi vincere, l'attuale senatore ha corrotto il presidente del mio partito, e mi hanno sostituito al ballottaggio con un vecchio che ha ottenuto solo millenovecento voti. Ecco come va nella repubblica delle banane. Non mi hanno restituito nemmeno la quota d'iscrizione."

Il matrimonio

"Sono stata fidanzata otto anni fa, ma il mio fidanzato è morto in Iraq. Dopo questo fatto, mi sono ripromessa che non sarei mai stata più dipendente da qualcuno. Dopo aver incontrato mio marito, ho combattuto il matrimonio per molto tempo. Anche se pensavo che mi stessi ribellando contro di esso, l'ho sempre visto come una formalità priva di significato, ma sono rimasta sorpresa. È un gran conforto sapere che hai giurato il tuo amore a qualcun altro."

I separati

"Non ho visto mio figlio nei primi cinque anni della sua vita. L'ho sostenuto economicamente e sua madre mi mandava delle foto, ma non l'ho mai incontrato. La relazione con sua madre era molto tesa, e avevo sempre paura che usasse nostro figlio per controllarmi. Perciò sono andato via. Poi una mattina mi sono svegliato con nove chiamate perse sul mio telefono e ho scoperto che sua madre era morta."

Un padre si racconta

"Cosa mi dici di quei primi cinque anni?"
"Ero un giovane ventenne e avevo paura. Ricordo un sacco di momenti importanti, come la prima volta che camminava e le sue prime parole. L'ho accompagnato al suo primo giorno di scuola materna. Gli ho insegnato ad andare in bicicletta, gli ho insegnato a leggere e a fare sport. E si è rivelato fantastico. È un ragazzo eccezionale e uno studente esemplare."

Un momento di paura

"Ero di stanza all'OP Black. Era un punto di controllo sul ponte principale che portava a Falluja. Lo chiamavano il ponte del sangue, perché i militari continuavano a cercare di rompere il checkpoint per ottenere rifornimenti in città. Ricordo una jeep che arrivava verso il checkpoint. Continuavo a intimargli di fermarsi, ma lui non si fermava, ero pronto a sparargli. Alla fine si è fermato. Ho pensato che tutto sarebbe andato bene. Non ricordo altro."

Ho avuto paura di morire

"Quando avevo sedici anni, ricordo che stavo guardando un programma alla televisione, *Sabato sera dal vivo*, e per sbaglio, ho colpito il mio piede con il telecomando, così forte che un pezzo si è spezzato. Ma non ho sentito niente. Mi sono ripresa e ho iniziato a picchiarmi, ma non riuscivo a sentire nulla su tutto il lato sinistro del mio corpo. Quando andai dal dottore, mi disse che dovevo fare un intervento al cervello, altrimenti quel torpore sarebbe tornato. Avevo paura di andare in sala operatoria. Mi hanno detto che c'era una possibilità di paralisi o ictus o addirittura di morte. Mi sono svegliata mentre mi portavano fuori dalla sala operatoria. C'erano tante nuvole dipinte sul soffitto, e ho pensato: toh, sono morta! Ma in quel momento stavo bene."

I pensieri di un ragazzo

"L'ampiezza della vita si riduce man mano che invecchi. Ci sono sempre meno cose da provare rispetto alla prima volta. E ogni volta che provi qualcosa, non sei così eccitato. Ma non ti farai nemmeno del male. Mi chiedo come sarà quando avrò settant'anni ..."

Quando la salute diventa un problema

29

"Amo la vita più di chiunque altro abbia mai conosciuto. Spero che non ti dispiaccia se te lo dico, ma recentemente ho avuto alcuni problemi di salute. A un certo punto, la mia salute è diventata molto grave. Ho detto a mio marito che stavo cominciando a chiedermi se ci fosse qualche motivo per andare avanti. Ma poi ho avuto un grande incoraggiamento!"

Un lavoro tranquillo

"Ho problemi a trovare un lavoro. Ho difficoltà a trovare la fiducia in me stesso. Se dipendesse da me, farei il lavoro da solo, senza preoccuparmi del marketing o della promozione, ma so che non posso farlo. Il problema è che il mio lavoro è davvero tranquillo. È molto utile e sottomesso. Ci vuole molto tempo per apprezzarlo. C'è tanta apparenza dell'immagine nel mondo di oggi, e sembra che solo quelle più aggressive siano notate. Sto scoprendo che ci vuole molta audacia per prendere una decisione ferma nel fare un lavoro tranquillo."

La tristezza di un marito

"Mia moglie è caduta, e ora è all'ospedale con le gambe rotte. È difficile per me vederla in questo stato. Insegniamo balli latini al Waldorf Astoria. Ora, tutto ciò che può fare è guardare fuori dalla finestra."

L'amore di una sorella

"Ti ricordi quando ti sei sentita fiera di tua sorella?"
"Sì. Quando è scesa dalla carrozzella e ha provato a camminare da sola."

La cattura

“Sono stato catturato in Vietnam.”

“Come sei stato catturato?”

“Ero di pattuglia. A un tratto ho notato un cespuglio, dove prima non c’era. Così dico al ragazzo accanto a me: quel cespuglio si sta muovendo. Ma lui non mi ha creduto. Così ho tolto la gomma da masticare dalla mia bocca e l'ho infilata nel cespuglio. Abbiamo camminato per un po', e poi ci siamo voltati. C'era dietro di noi il cespuglio con la gomma da masticare. Ho detto al mio amico: vedi! Te l'avevo detto! Poi sono saltati fuori e ci hanno preso.”

Venditore di animali

34

"Vendo ogni razza di animale. Ora sto portando questo cane alla mia ragazza. Le ho già procurato un serpente, un coniglio e altri due cani. Lei ama gli animali. Vuole diventare un veterinario."

L'incontentabile

35

"Ho quello che voglio. Ho una casa dove vivere, una moglie e un bambino. La mia più grande battaglia è soltanto capire come mantenere tutto questo."

Il musicista

"Ho cercato di far parte di un'orchestra a tempo pieno negli ultimi vent'anni. Ho partecipato a oltre duecento audizioni. È stato piuttosto straziante. Ho provato con la filarmonica di New York quattro volte. Una volta ho provato tre mesi con la filarmonica di Los Angeles, ho viaggiato per tutto il paese e mi hanno interrotto dopo appena dodici secondi. Ci crediate o no, ho ancora un certo ottimismo riguardo al mio futuro da musicista. E penso che stia migliorando."

Il sistema

"Sto facendo fatica a fidarmi del sistema."
"Quale sistema?"
"Il sistema che dice che se faccio la mia parte, tutto andrà bene."

La sfiducia

38

"Quando hai venticinque anni, ti senti come se stessi cavalcando un'onda. Ti senti come se le opportunità continuassero a venire da te, e pensi che non finirà mai. Ma poi finisce."
"Quando finisce?"
"Quando raggiungi i quarant'anni, cominciano a cercare qualcun'altro più giovane di te."

Vandali a scuola

39

"Un gruppo di ragazzi a scuola è stato sospeso quando l'insegnante d'inglese ha scoperto che un minicomputer era stato piazzato in una scatola del circuito elettrico. Stavano usando un dispositivo per accedere al sistema amministrativo di Windows XP. Questo è tutto ciò che so."

Il mestiere che vorrei

"Voglio aprire un negozio di liquori o una società di pompe funebri. Immagino che quelle siano le due cose di cui tutti hanno bisogno."

La nuova professione

“Ero stanco di lavorare al dettaglio, quindi ho mentito sul mio curriculum e ho detto che avevo esperienza di contabile. Ho imparato il più possibile da Google prima del colloquio di lavoro e ho stampato i bilanci per esercitarmi. Dopo aver ottenuto il lavoro, ho letto tutto il tempo che potevo, ogni mattina sul treno. All'inizio è stato snervante, e alla fine del mese tutto è andato bene. Potrebbe non essere stato il modo migliore per trovare un lavoro... ma ho un figlio da tenere d'occhio.”

La sorpresa

"Sono andato da un sensitivo prima che incontrassi il mio compagno. Mi ha detto che stavo per incontrare la donna dei miei sogni. Ho risposto: sono gay."

La partita persa

"Domenica la nostra squadra ha perso 11 a 2."
"Di chi è stata la colpa?"
"Sicuramente non è nostra, poiché non ci hanno permesso di giocare."

Allergico ai gatti

"Mio marito era un editorialista del New York Times, lavorava fino a tardi e a volte mi sentivo sola. Così ho iniziato a lasciare il gatto in casa tutti i giorni. Ma mio marito era allergico ai gatti, quindi, prima che rientrasse a casa, lasciavo il gatto fuori. Una notte, pioveva così forte che mi sono rifiutata di far uscire il gatto, allora mio marito è rimasto sveglio tutta la notte starnutendo. È così, il giorno dopo, ho preso un cucciolo!"

Problemi di peso

45

"Ho lottato parecchio nella mia vita. Quando avevo ventun anni, decisi che volevo essere magro. Pensavo che mi avrebbe portato amore e felicità, ottenendo ciò che volevo. Ho mangiato a malapena. Ho fatto esercizi tre volte al giorno. Sono arrivato a 130 chili e mi odiavo. E dopo di ciò ho rinunciato a cercare di essere magro. Ora sono arrivato al punto in cui devo perdere di nuovo peso, ma questa volta per il bene della mia salute."

Essere solo

"Sei solo?"

"Sì. È stata una vita di solitudine. Ho deciso subito che mi dovevo abituare. Vado al cinema da solo. Se il cinema è completamente vuoto, sono ancora più felice. Ho imparato presto, che se volevo andare nei ristoranti, era meglio andarci da solo. Il vantaggio di essere grandi è che le persone non ti disturbano. Sono turbato dal fatto che tu sia venuto da me. Nessuno l'ha mai fatto. Quando ho iniziato ad andare in terapia, mi ci sono volute diverse sedute prima di dire una parola. Mi siedo e piango. E onestamente, mi hai preso in una giornata difficile. Ero seduto qui sentendomi molto male con me stesso. Perché oggi sono andato dal dottore, ed ero sicuro di aver perso peso. Invece, ne avevo accumulato un po' di più."

Riflessioni di un'adolescente

"Ho una pausa di un'ora tra la terapia e la famiglia. Ho rimandato un incarico fino all'ultimo minuto, anche se la cosa più logica, sarebbe quella di affrontarlo. Invece penso: forse non dovrei andare a scuola, non parlare con nessuno, rannicchiarmi, ed essere una piccola palla di tristezza, per sempre. Non voglio essere felice perché non credo sia realistico. Ma mi piacerebbe essere in grado di affrontare la vita."
"Qual è la tua più grande paura?"
"La solitudine e il suicidio, ma soprattutto la solitudine."

Una coppia di anziani

"Questa coppia si stava comportando come due adolescenti innamorati. Appena li ho visti lei stava strofinando la testa contro la spalla di lui. Ha ridacchiato per tutto il tempo in cui ho parlato con loro, mentre teneva un grande sorriso stupido sulla sua faccia. E ogni volta che chiedevo della loro relazione, lei lo teneva per un braccio e ridacchiava, guardandolo in modo buffo."

L'uomo romantico

"Mia moglie mi ha sempre insegnato ad esprimere le emozioni. Mi ha persino fatto diventare romantico. Andiamo al parco, stendiamo la coperta, facciamo un piccolo picnic e chiacchieriamo un po'."

Una sincera testimonianza

"Tendo a essere cinica per molte cose, ma non per Maya Angelou, una scrittrice integra che conta. È stata vittima d'incesto e stupro e ha lavorato come spogliarellista. Ora è un'icona letteraria e premio Nobel. Dimostra che la vita è fatta di tante cose e non è possibile svalutare alcun tipo di esperienza."

Un quartiere di periferia

"Quando vivi in questo quartiere, non hai molte paure. Hai visto davvero tutto ciò che la vita può darti. Quando avevo nove anni, ho visto un tizio, spinto fuori dal tetto di quell'edificio di fronte."

Una preside moralista

"Chi ti ha influenzato di più nella vita?"
"La mia preside, la signora Lopez. Quando combiniamo guai, lei non ci sospende. Ci chiama nel suo ufficio e ci spiega come la società è stata costruita intorno a noi."

Una maestra di quartiere

"Questo quartiere non si aspetta molto dai nostri figli, perciò alla Mott Hall Bridges Academy abbiamo posto le nostre attese in primo piano. Noi non chiamiamo i bambini studenti, li chiamiamo studiosi. I nostri studiosi indossano un grembiule di colore viola, come gli insegnanti, perché il viola è il colore della regalità. Voglio che i miei studiosi sappiano che anche se vivono in un grande complesso di edilizia abitativa, fanno parte di una stirpe regale che risale a grandi re e regine africani. Quando dicono alle persone che vengono da Brownsville, la loro faccia diventa piccola. I bambini devono sapere che ci si aspetta che abbiano successo."

Una mamma perfetta

"Chi ti ha influenzato di più nella tua vita?"
"Mia madre. Mi ha avuto a diciotto anni e mio padre se n'è andato quando avevo un anno, quindi non l'ho mai conosciuto veramente. Come molte mamme single, ha dovuto lottare per lavorare, e alla fine ha anche lottato per andare a scuola. Ed è davvero la persona che ha instillato in me un senso di fiducia e la sensazione di poter fare qualsiasi cosa. Alla fine, ha continuato fino a ottenere il dottorato. Ci sono voluti dieci anni, ma lei l'ha fatto, ed io l'ho guardata con stupore e meraviglia. E mentre crescevo, come tutti, mi resi conto che mia madre non era 'tanto diversa da me'. Aveva i suoi dubbi e le sue paure, e non era sempre sicura del modo giusto di fare le cose. Quindi, vederla superare momenti difficili è stato molto stimolante. Perché questo, significava che avrei potuto superare anche io i momenti più difficili."

Riflessioni di un clochard

"Il denaro è la cosa più importante. La famiglia è un secondo vicino. Anche l'amore. E non contare su Dio per aiutarti. Ho provato in quel modo troppe volte."

Ciò che voglio

"Il momento più triste della mia vita è stato quando ho scoperto che non avevo quello che serve per farcela in questo mondo. Semplicemente non ce l'ho con me. Tutta questa roba di cui ho parlato è solo radicata in me. Non ho alcuna guida. Oltre a ciò, trovo che sia pretenzioso avere qualche spinta. Non voglio giocattoli e non ho bisogno di riparazioni. O forse semplicemente mi accontento di essere magro perché so che non ho quello che serve per ottenere ciò che voglio. Forse mi piacerebbe una bella casa come quella di mia sorella. Forse mi piacerebbe la TV via cavo in modo da poter guardare ciò che voglio. Non voglio più parlarne, mi sto tormentando."

La filosofia di un mendicante

"Gli umani sono idioti. Non esistono cose come gli eroi. Gli eroi sono una creazione dei media. L'agente di polizia è ucciso in un conflitto a fuoco. Il pompiere che muore tra le fiamme fa il suo lavoro, e se c'è un incendio, deve spegnerlo. Non sei un eroe se fai il tuo lavoro. Siamo solo granelli di sabbia. L'atto di vivere è una farsa ed è ridicolo. No, non è ridicolo. È un orrore. Alzati e fallo di nuovo. Fai del tuo meglio per prenderti cura del tuo corpo mentre cadi a pezzi comunque. La gente dice: buona giornata. Non esiste una buona giornata. Puoi fare alcune cose durante un giorno che potrebbero darti un po' di gioia e un po' di gratificazione, ma un giorno è solo un attimo. Solo le notti sono buone perché è quando ti allontani dalla gente. La tua migliore speranza è avere uno scopo, perché ciò distrae dal fatto che la vita è una ridicola farsa e un orrore. Quando sei distratto, non devi stare seduto a pensare a tutte queste cose come faccio io. Se non hai uno scopo, diventerai uno di quei coglioni che guarda sempre la TV e mangia Burger King."

Il malato terminale

"Mio marito ha avuto un raro tumore al cervello chiamato neuroma acustico, che ha richiesto un intervento chirurgico. Abbiamo iniziato con una ripresa mentale. Abbiamo impegnato tutte le nostre energie in una possibile guarigione e abbiamo avuto fiducia nella medicina occidentale, credendo che tutto sarebbe andato bene. Poi, a un certo punto, abbiamo dovuto accettare che non sarebbe tornato alla normalità. Non sta andando via. E comunque stiamo lottando abbastanza. Ma non è solo."

Alla ricerca di un farmaco salvavita

"Ho un melanoma al terzo stadio che mi dà una probabilità di sopravvivenza del 48% nei prossimi cinque anni. Tuttavia, ho la capacità di leggere velocemente materiale molto tecnico, così sono andato in biblioteca e ho letto oltre ottocento articoli sul melanoma, che i dottori non hanno il tempo di leggere. Ho trovato uno studio molto promettente, che suggerisce cloro e chinino combinato con l'essenza di un certo amminoacido; questo preparato ha ridotto i tumori nei topi a quasi nulla."

Le confidenze di una sorella

"Mia sorella non ha mai avuto paura. Confortava sempre mia madre. Anche quando stava facendo la chemioterapia. Le diceva che sarebbe andato tutto bene. La notte in cui è morta, qualcosa non era andata bene; aveva chiesto a mia madre di leggere con noi, anche se di solito sceglieva sempre di giocare con i suoi giocattoli, mentre mia madre leggeva sempre per me. Ma quella notte, mia sorella aveva chiesto a mia madre se poteva leggere con noi."

L'indeciso

"Sto cercando di capire in quale direzione devo muovermi."
"In che direzione stai andando attualmente?"
"Non sono sicuro che mi stia muovendo."

Fiero di sé

62

"L'esame di ammissione al college favorisce i cittadini americani, quindi i posti rimanenti per gli studenti internazionali sono molto competitivi. Inoltre, i miei genitori non saranno in grado di pagare le tasse scolastiche, perciò devo ottenere una borsa di studio. Ma penso di aver fatto una bella ripresa. I miei voti sono buoni."

Il drogato

"Ho fumato erba per la prima volta quando avevo undici anni. Quando avevo dodici anni, stavo assumendo coca col mio vecchio amico, nei fine settimana. Ho iniziato a prendere Vicodin da adolescente quando le mie tonsille sono state rimosse. Dopo, ho iniziato a comprare OxyContin, poi sono passato all'eroina perché costava meno. L'ho sniffata per un po' perché avevo paura degli aghi, ma alla fine ho smesso. Ho avuto fino a trenta o cinquanta dosi il giorno. Stavo cercando un rivenditore, poi l'ho comprata a buon mercato. Dopo un po' di tempo, mi accorsi che lo stavo facendo per sentirmi bene. L'ho fatto solo per non sentirmi male. Ho iniziato a rubare dalla mia famiglia e fare altre cose di cui non voglio nemmeno parlare. Se non ne avessi avuto, starei seduto a letto tutto il giorno, ero troppo ansioso per sdraiarmi, e troppo stanco per alzarmi in piedi. Quindici mesi fa mi sono fermato quando il mio migliore amico è morto. In realtà, sto per ricevere il mio metadone in questo momento."

La cosa più importante

"Qual è stato il tuo più grande successo?"
"Restare in contatto con amici e parenti lontani."
"Perché è così importante?"
"È importante avere sempre persone che ti ricordino in varie fasi della tua vita. In particolare quando s'invecchia, perché in quel momento trovi sempre meno di quelle persone in giro. E comunque, ti ricordano chi sei."

Vivere con la nonna

65

"Sono nata quando i miei genitori erano molto giovani, ora non ci sono più e così mia nonna mi ha allevato. Era già in pensione quando sono nata io, e ha iniziato a lavorare di nuovo solo per potermi mantenere. Diceva sempre: Ho le spalle larghe. Viviamo insieme da molto tempo."

Una mamma incoraggiante

"Mi sentivo come una mamma fastidiosa cercando di insegnarle delle cose. All'inizio ho cercato di essere positiva e incoraggiante. Dicevo sempre a mia figlia: ti aiuterò a farlo. Ma alla fine sono diventata poco incoraggiante, perché non ero più in grado di aiutarla. Stavo vivendo la mia vita e metà della sua."

Il poliziotto attore

"Quando sono tornato a casa dall'Iraq, ero veramente depresso. Mi sono ricordato di quanto mi piaceva esibirmi al liceo e ho pensato di perseguire questo scopo. Ho partecipato a centinaia di audizioni negli ultimi otto anni. Ne ho fatti fuori parecchi a Broadway. Ho fatto un sacco di ruoli. Di recente ho fatto l'audizione per un ruolo ricorrente come detective Alvarez nello show Gotham. Ero a Portorico per festeggiare il mio trentanovesimo compleanno, quando ho ricevuto una chiamata dal mio manager che mi ha detto:
"Ho bisogno che tu ti sieda e mi ascolti bene."
"Che cosa sta succedendo?"
"Sei pronto per questo detective Alvarez?"
"Di cosa stai parlando?"
"Hai superato la prova del detective Alvarez!"
"Ho iniziato a piangere; ho abbracciato i miei figli e ringraziato mia moglie per aver avuto fiducia in me. Con questo ruolo, ora posso smettere di fare il poliziotto."

Mio fratello

"La vera ragione per la quale mi sono arruolato nei marines è stata quella di scappare da una brutta situazione capitata in casa. Mio fratello maggiore era uno dei capi della banda dei latini e fu condannato a dodici anni di carcere. In realtà è uscito di prigione proprio mentre stavo frequentando l'accademia di polizia, e anche lui è venuto alla mia laurea. Sai cosa mi ha detto una volta quando gli ho fatto visita in prigione, poco prima di essere andato in Iraq?" Mi ha detto:
"Sono più vecchio di te, ma tu sei il mio fratello maggiore. È stato onesto da parte sua, a dirmi questo."

L'incredulità di una madre

"Mia madre non crede nella depressione. Pensa che sia un motivo per ottenere più attenzione da parte degli altri. Ogni volta che cercavo di uscire da casa, mi diceva: se sei veramente depressa, non usciresti. Quando ho cercato di uccidermi, ha detto: se avessi davvero voluto ucciderti, l'avresti fatto."

I pensieri mi tormentano

70

"Ho un sacco di malattie mentali in questo momento. Metà della mia energia si prende cura di me. Ho sognato ad occhi aperti di radermi completamente la testa, e so già di sentirmi male come adesso."

La guaritrice

"Sono una guaritrice. Mia madre era una guaritrice. Anche mia nonna era una guaritrice."
"Qual' è la cosa che non sei stata in grado di guarire?"
"La sterilità."

L'ansia per un figlio

"Sono sposato da sedici anni. Ma non ero mai sicuro che mia moglie volesse avere un figlio. Ho sempre avuto quest'ansia. Amo i bambini e quelli dei miei amici, ma pensavo che non ci sarebbe stato spazio nella mia vita per un bambino. Alcuni dei genitori che conosco pensano che non avere un figlio sia una decisione egoista. Ma poi, molte di quelle stesse persone, dopo due o tre birre, mi hanno detto che invidiano la mia libertà."

Un fratello disabile

73

"Ho un fratello disabile che è appena uscito da casa. È la prima volta che resto da solo. E, a essere sincero, non posso dire se sono triste o contento."

Prendersi cura del fratello

"La mia più grande paura è quella di diventare custode di mio fratello. Quando avevo dodici anni, mia madre mi ha fatto promettere che mi sarei sempre preso cura di lui. Aveva una paralisi cerebrale e da quando eravamo bambini, io ero sempre quello che si prendeva cura di lui. Riusciva a malapena a parlare, ed io ero l'unico a poterlo capire. Così ho fatto tutto per lui - l'ho cambiato, l'ho nutrito, l'ho portato sull'autobus. Ma io avevo i miei sogni e volevo la mia vita...

Quando ho deciso di andarmene, mia madre ha iniziato a piangere e continuava a ricordarmi la promessa che avevo fatto quando avevo dodici anni. Mio fratello era così sconvolto che non mi aveva nemmeno salutato. La cosa peggiore è che ogni volta che tornavo a trovare mio fratello, il suo cervello si atrofizzava sempre di più."

Il piccolo inventore

75

"Da grande diventerò un inventore. Ho già delle buone idee. Ho avuto l'idea di una sigaretta elettronica che produce foschia, ti sembra di fumare ma non lo è."

La colpa

"Ho chiesto alla mia ragazza cosa la facesse sentire più in colpa, e mi ha detto: non posso dirtelo perché mi fa piangere. E non mi piace che la gente mi veda piangere. Le risposi che andava bene così e cambiai argomento. Ma dopo alcuni minuti lo scrisse sul suo telefono e me lo inviò. C'era scritto: quando avevo undici anni, ho litigato con mio fratello gemello e gli ho detto che sarebbe morto prima di me perché aveva un tumore al cervello."
"È ancora vivo, le chiesi?"
"No, mi rispose."

Una sorella maniaca

"Quando mia sorella ha delle crisi depressive, pensa di avere dei superpoteri. Va fuori e si spoglia. A volte pensa che io non sia suo fratello, e devo fare di tutto per dimostrarle che lo sono davvero. Una volta ha rubato la bici dalla strada perché pensava che stesse girando un film e che corresse verso la statua della libertà. Fortunatamente qualcuno l'ha fermata e l'ha portata all'ospedale. È difficile vederla così, e che ci sia qualcosa di normale in questo, ma poi, di nuovo, non posso fare a meno di sentire che ha una certa libertà che invidio, quando sta avendo un altro di questi episodi. Mi sento come se tutti fossimo un po' pazzi e andiamo in giro con questa malattia mentale. Mi piacerebbe unirmi a lei, e correre in giro per la città, se solo riuscisse a evitare di andare fuori controllo."

"Che successe dopo?"

"Durante uno di questi momenti di depressione, mia sorella si era sdraiata a letto per parecchio tempo, così da sviluppare piaghe da decubito, perciò ho dovuto lavarla. Non stava mangiando, era tutta pelle e ossa. La cosa più triste è stata la facilità con cui ha accettato di collaborare. In tutta la sua vita, si è sempre vergognata

che qualcuno la vedesse nuda. Ma ora non ha nemmeno
la forza di preoccuparsi mentre la lavo."

Un triste ricordo

Ho visto due bambine bellissime con i capelli rossi a Central Park col papà. Dopo aver scattato una foto, ho iniziato a fare alcune domande, ma ho finito per ottenere solo brevi risposte:
"Qual è stato il tuo momento più felice?"
"Quando sono nate le mie figlie."
"Quale delle tue figlie ti rende più orgoglioso?"
"Sono orgoglioso di entrambe!"
"Qual è stato il momento più triste della tua vita?"
"Preferirei non dirlo."
Dopo qualche altro tentativo, mi sono rassegnato al fatto che non avrebbe rivelato alcun dettaglio sulla sua vita. Quando sono tornato a casa, ho trovato una mail nella mia casella di posta, che diceva:
"Ti ho visto a Central Park questa sera, ero con le mie due figlie dai capelli rossi. Mi hai chiesto del mio giorno più felice e ti ho detto quando sono nate le mie figlie. Mi hai chiesto quale fosse il giorno più triste della mia vita e ti ho detto che preferivo non rispondere. Bene, era il 12 agosto 2006. In quel giorno, io e mia moglie perdemmo il nostro primo bambino, lei era incinta di 36 settimane (il suo nome era Peter). È stato orribile.

Ma ora abbiamo due bellissime bambine, quindi sono grato di questo dono. Il motivo per cui non ero in grado di fornire una risposta specifica alle domande sulla mia giornata più felice o cosa mi rende orgoglioso delle mie ragazze, è stato questo triste episodio che mi ha bloccato. Grazie."

Una brava parrucchiera

81

"Vorrei diventare una brava parrucchiera."
"Qual è la cosa più difficile per diventare una brava par-
rucchiera?"
"Tagliare i capelli a mio fratello Nicolas."

Il vigile del fuoco

82

"Che cosa vuoi fare da grande?"
"Il vigile del fuoco."
"Perché vuoi fare il vigile del fuoco?"
"Mi piace salvare la gente."

La tecnologia e la natura

83

"Sto cercando di capire come i sensori possono essere usati per raccogliere informazioni su suoli e piante in modo che gli agricoltori in India possano gestire meglio le loro colture."

La scienza al servizio del malato

"Sto cercando di capire come controllare i fluidi ferrosi. Più precisamente, potrebbero essere utilizzati per dirigere i farmaci nel corpo, con conseguente chemioterapia più mirata e meno dannosa."

Il pilota

"Una volta ci siamo schiantati con l'aereo in un deserto della Tunisia. Non ero nemmeno il pilota. Il pilota è diventato isterico e ho dovuto prendere io i comandi."

La stanza dello scrittore

"Di cosa ti senti più colpevole?"
"Di non aver terminato il mio romanzo. Ho già costruito a casa mia, la stanza in cui scriverò i miei libri. Le pareti della stanza sono dipinte di rosso veneziano. Ci sono scaffali pieni di ogni genere di libri. C'è una sedia Vittoriana a strisce smerlate. Una piccola scrivania di pino, due piedi per tre piedi, con tutte le mie penne allineate, e una lampada da tavolo stile *sang de boeuf* del XVIII° secolo. E c'è una portafinestra, con un gradino che si apre sul tetto, così posso guardare il cielo. Ho tutto ciò di cui ho bisogno. Tranne il tempo."

Un futuro da scienziato

"Cinque anni fa sono stato investito da una jeep durante una corsa sulla mia bici. Mi sono svegliato in ospedale con la faccia tumefatta. Mi avevano iniettato molta morfina e la mia famiglia era tornata a casa perché a loro era stato detto che non mi sarei svegliato quella notte. Ero davvero spaventato. Nelle settimane successive, cominciai a sentirmi meglio, e pensai che non avrei mai vissuto una vita mediocre."
"E adesso cosa stai facendo?"
"Ho ottenuto una laurea in ingegneria meccanica e ora sto ottenendo un dottorato di ricerca. Nella scienza biomedica."
Cosa ne farai?
"Naturalmente, salverò l'umanità!"

Il ricordo di mia madre

88

"Mia madre è morta una settimana fa. Ha avuto un tumore al cervello per anni, non era la stessa mamma con cui sono cresciuto. Passò dall'essere molto attiva, a non essere più in grado di cucinare il proprio cibo per nutrirsi da sola. Anche la sua personalità era cambiata. Era molto estroversa e premurosa. Verso la fine, quando le dissi che mi ero laureato al college, non ebbe nemmeno una reazione. Poi, ho cambiato argomento."

Il giocatore di basket

"Qual è la cosa più difficile per un giocatore di basket?"
"Controllare le proprie emozioni."
"Che significa controllare le emozioni?"
"A volte sei convocato, ma non sei chiamato a giocare."

Un momento magico

"Ho chiesto a un passante, accompagnato dalla figlia, se ricordava il momento in cui è stato più orgoglioso di lei. Allora cominciò a parlare con un forte accento giamaicano," e disse:
"Nel momento in cui ho assistito alla sua nascita. Quel momento è stato magico."
"La ragazza, che fino a quel momento era stata tranquilla," urlò al padre:
"Papà, continua a raccontare!"

Quando sono osservato

"Mi chiedo sempre se le persone quando mi guardano, mi vedono normale."
"Lo fanno?"
"La maggior parte delle volte, e qualche volta gli estranei mi fissano. Ma se mi volto, fanno finta di guardare altrove."

Un grande capo

"Dopo aver terminato il primo turno in panetteria, inizio un altro turno a Starbucks. Lavoro novantacinque ore la settimana in due diversi posti di lavoro. Uno dei miei figli si è laureato a Yale e ho altri due bambini al college. E quando finisco il turno, devo andare anche al college a prenderli. Voglio essere un grande capo. Sono un capo al panificio in questo momento, ma solo un piccolo capo. Ecco il mio capo. Devo andare."

Casi di femminicidio

93

"Sono l'assistente di Brooklyn D.A. Lavoro su casi di violenza domestica, molti dei quali omicidi. Alcune delle scene del crimine sono semplicemente raccapriccianti. È la stessa roba che i soldati vedono in una guerra. Vedo e sento questa roba, ed è difficile farla uscire dalla mia mente. Anche quando risolvo un caso, è difficile pensare che sia l'ultimo. È un ciclo infinito di violenza. I trasgressori sono così inclini a offendere di nuovo. Le donne rischiano di tornare dai loro violentatori, o di trovarsi in una situazione simile. Il lavoro è molto duro e purtroppo sta sempre aumentando."

Una scelta sbagliata

94

"Sono caduta nelle braccia sbagliate. Non avevo famiglia qui, e fu lui a dire che mi amava. Il nostro rapporto andava sempre peggio, ma ogni volta tornava dicendo che gli dispiaceva, piangeva e mi pregava di perdonarlo. Così ho continuato a pregare per questo. Fino a quando una notte è diventato così violento, che son dovuta fuggire attraverso una finestra."

Fare soldi

95

"Se stai aprendo un'attività commerciale solo per fare soldi, fallirai. C'è tanto lavoro da fare, prima che arrivino i soldi. Il tuo cuore ha bisogno di crederci."

Aspettando la morte

"Ho ottantasei anni. E questo vuol dire tanto. Sono pronta per andarmene."
"Non hai paura della morte?"
"Perché dovrei? Non è una condizione naturale della vita?"
"Non quando ti manca tuo marito!"

L'amore per un figlio

"Jackson vive in una comunità. Non sarà mai completamente indipendente. Svolge diverse attività e fa volontariato; lo portiamo a casa ogni fine settimana. Ama disegnare. Cerco di guardare i suoi disegni per capire il suo cervello. Vorrei poter entrare nella sua testa, anche solo per pochi minuti, così posso capire meglio il suo mondo."

"Che cosa sai del suo mondo?"

"È un mondo molto animato. Ama le stesse cose che ha amato venti anni fa. Ama i personaggi di Walt Disney. Non c'è guerra nel suo mondo. Non c'è crisi finanziaria, crimine o disoccupazione. Non c'è razzismo. Nessun ricco o povero."

"Qual è stata la cosa più difficile nel crescere un bambino con problemi di autismo?

"Non sono sicuro che mio figlio mi ami."

"Adesso lo sai?"

"Sì."

"Come fai a essere così sicuro?"

"So che capisce che siamo importanti per lui. E so che capisce che è importante per noi."

Non fidarti di nessuno

"Il mio primo ricordo fu quando avevo tre anni. Mio padre mi ha appoggiato sopra il comò e ha detto: salta a papà! Ma, anziché afferrarmi, mi lasciò cadere e disse: non fidarti di nessuno! Ero dolorante dopo quella caduta. Sarà per questo fatto che sono diventato un solitario?"

Nessuna imposizione

99

"Non dirmi cosa fare e non ti chiedo nulla. Questo è il mio motto. Ho molti sentimenti riguardo alle decisioni dei miei familiari, ma non offro mai la mia opinione, salvo che, non mi sia chiesta. Ed è per questo che sono ancora invitata alle feste."

Bullismo

"Da ragazzo ero un po' bullo. Cercavo sempre di mettere le persone in imbarazzo. Se le persone hanno paura di te, sanno di non avere scelta, e fanno qualunque cosa. E più sei forte, più le cose vanno come vuoi tu. Dicono che devo far fronte ai bulli, ma non c'è molto che posso fare quando l'intera classe è così."
"Perché ti prendono in giro?"
"Per il mio peso, perché leggo per divertimento, per lo più fantascienza, e guardo sempre la luna. Non mi piacciono gli sport."
"Quindi cosa ti fanno?"
"Urlano e lanciano roba contro di me. Ma sono orgoglioso di una cosa. La maggior parte dei bambini che sono presi in giro ingiustamente, a un certo punto diventano violenti e si ribellano. Ma questo non mi è ancora successo."

Una ferita sulla guancia

"Ho una lunga cicatrice sulla guancia sinistra, me l'ha sono fatta quando ero giovane. Ho fatto l'errore di cercare d'impedire a qualcuno di prendermi in giro."

Un cono di gelato

"Dopo aver perso la vista, camminavo molto male. Un giorno ho sbattuto contro una ragazza mentre mangiava un gelato. Sbadatamente le ho tolto il cono dalla mano, e urlò"
"Sei cieco?"
"Mi sono voltato verso di lei, e ho risposto: sì, sono cieco. Mi dispiace tanto, ti comprerò un nuovo gelato.
"Oh mio dio! Mi dispiace!"
"Non preoccuparti! Ne comprerò un altro. Così entrammo insieme in una gelateria."
"Ho sentito tutto, rispose il gelataio. Il gelato è gratuito."

Sordità

"Per molto tempo, ero così concentrata sull'essere sorda all'orecchio sinistro, dimenticando che l'altro orecchio era perfettamente a posto."

Senza una gamba

"Dopo la mia nascita, fui oggetto di una dissertazione medica di quarantacinque minuti alla Columbia University. Si trattava della malformazione del mio corpo. Ma ora posso raccontarlo. Posso fare una verticale sulle mie stampelle. Ho tanti amici, una ragazza, una laurea e sto aiutando a gestire una stazione radio all'età di ventitré anni."

Un padre esemplare

"Mio padre ha molti difetti. Mi ha mostrato il padre che voglio essere, e il padre che non voglio essere. Ci sono stati momenti in cui era troppo l'impegno per lui e non poteva gestirlo. È sempre stato lui a spingermi nella vita. Ha deciso fin dalla mia tenera età che dovevo correre, e mi ha iscritto alle gare. Il mio primo sport è stato una gara di *baseball* quando avevo due anni. La folla mi ha reso così nervoso che mi sono sdraiato nel mezzo del campo e ho iniziato a piangere. All'età di tre anni, mi portò in una pista di pattinaggio su ghiaccio, appese le mie stampelle al muro e mi spinse su un pattino. Quando sono diventato più grande, abbiamo fatto una corsa di cinque chilometri insieme, per la festa del papà. A causa della mia disabilità, ha fatto innervosire la mia famiglia per avermi spinto così forte nelle discipline sportive. Ma mi ha insegnato la persistenza e mi ha insegnato la sopravvivenza."

Una madre premurosa

"Mia madre era sempre nervosa. Era sempre preoccupata. I miei genitori hanno sempre litigato su come allevarmi, perché mio padre pensava che fossi invincibile e che potessi fare qualsiasi cosa.

Mia madre voleva che capissi i miei limiti e sapessi che alcune cose non potevano essere superate. Era molto premurosa, più di mio padre. Era quella che si assicurava che prendessi tutti i farmaci, e mi fossi rifornito di tutto il materiale medico. Mi ha sempre accompagnato all'ospedale per le visite e ha tenuto traccia della mia intera storia medica in modo da poterlo dire a ogni nuovo medico. E se questo non è amore, non so davvero cosa sia."

Una relazione mancata

"Da quando la mia relazione è finita, quattro mesi fa, ho letto molti libri spirituali e metafisici".

"Che cosa ha causato la fine della relazione?"

"Se conoscessi la risposta, probabilmente non sarebbe così doloroso. A un certo punto, la sensazione di avere uno spazio condiviso e gioioso sembrava evaporare. Invece di esplorarlo e andare più a fondo, abbiamo scelto di non parlarne, e le cose sono diventate meno profonde."

"Perché non ne avete parlato?"

"Perché è doloroso ricordare quel passato. La mia ragazza mi amava incondizionatamente. È molto difficile mettere da parte quei momenti felici per esaminare se la nostra storia fosse vera."

"C'è stato un momento in cui hai capito che la vostra relazione stava raggiungendo il culmine?"

"Sì. Alcune relazioni finiscono perché qualcuno fa qualcosa di sbagliato, altre si esauriscono in modo naturale. Le parole diventano meno dolci e meno frequenti. C'è stato un giorno in cui abbiamo fatto colazione insieme, a un certo punto sono uscito dalla cucina e ho cominciato a piangere, perché sapevo che stava finendo la nostra relazione. Sono stato davvero colpito dalla mancanza di qualcuno nella mia vita. La maggior parte delle volte ti colpisce quando qualcuno muore, ma può colpirti anche quando una persona condivide la tua vita."

Il suicidio

"Mia madre è morta di fronte a me. Avevo sette anni e la stavo aiutando a fare il letto, quando è crollata e non si è più svegliata. Due giorni dopo, mi sono trasferita al mare per vivere con mia zia e mio zio. Non mi hanno detto che si trattava di un suicidio, fino a quando non ero abbastanza grande da capire. Mia zia pensava che dovevo sapere che mia madre si era uccisa per un uomo, perché non voleva che io facessi la stessa fine."

Disordini a Mogadiscio

"Ho vissuto in Somalia dall''87 al '90. A un certo punto abbiamo appreso che i ribelli erano a una trentina di chilometri da Mogadiscio, quindi abbiamo rapidamente fatto le valigie, siamo partiti con un camion per uscire dalla città. Mentre uscivamo dalla città, passammo davanti al tribunale principale, dove stavano processando alcuni prigionieri politici. C'è stata un'enorme protesta e la polizia ha iniziato ad aprire il fuoco tra la folla. Il camion si fermò. Il nostro autista ha iniziato a lanciare la macchina in retromarcia, poi in avanti, poi in retromarcia, sbalzando le macchine davanti a noi e dietro, finché non ci fosse abbastanza spazio da uscire con il camion."

Il senzatetto

"Esteriormente sono una persona pacifica e diplomatica, ma dentro di me c'è molta rabbia. È difficile andare avanti e non avere problemi. Ci sono troppi idioti in questo mondo. Ieri c'era un pazzo senzatetto in metropolitana. Intendo davvero pazzo, stava grugnendo e agitando le braccia intorno a se. Una ragazza bianca di vent'anni si avvicina a lui e cerca di spiegargli come un pensiero positivo può trasformare la sua vita. Può fare tutto ciò che vuole, se ci pensa. Non aveva davvero idea quell'uomo schizofrenico, come quel pensiero positivo l'avesse portato fuori dalla metropolitana senza incidenti," dicendo:
"Qualcuno mi sta confondendo la mente. Non riesco a pensare."

Il medico del pronto soccorso

"Sto per andare al lavoro. Sono un medico del pronto soccorso e lavoro dalle 10 di sera alle 8 del mattino."
"Qual è stato il momento in cui ti sei sentito fiero come medico?"
"Quando mi sono sentito a mio agio, dopo circa tre anni. Iniziare un turno nel pronto soccorso è come avere la sensazione di trovarti in una battaglia gigantesca, come in una scena del film *Il signore degli anelli*. Non hai idea di cosa ci sia fuori dalla porta. A volte si presentano casi gravi assieme, e tutti dovevano entrare nello stesso momento; allora iniziavo a prendere decisioni importanti per sapere esattamente il tempo necessario per risolvere ogni procedura, decidendo subito chi doveva aspettare, e chi invece no. Il momento di maggior orgoglio è stato quando ho smesso di sentirmi nervoso, perché avevo raggiunto un livello di esperienza in cui potevo prendere le decisioni giuste, senza pensarci molto."

Il tossicodipendente

Il mio primo anno in California è andato bene. Stavo andando alle audizioni, ricevevo molti lavori, ed ero anche in un paio di programmi TV. A un certo punto un bambino ha persino chiesto il mio autografo e ricordo quanto fosse bella questa cosa. Mi ha fatto sentire come se avessi realizzato qualcosa d'importante. Poi ho iniziato a prendere dell'anfetamina. All'inizio una volta la settimana, poi nel weekend, poi tutti i giorni, finché alla fine non ero più in grado di alzarmi dal letto senza prenderla. Ho iniziato a frequentare vecchie celebrità che vivono grazie ai loro soldi e pensano di essere le stesse persone, come in passato. Sono diventato magro. Nella mia mente pensavo che stessi diventando più maturo. Mi sentivo come se stessi facendo meglio di prima. Ma in realtà ero solo un tossico. Sono tornato a New York per un po', per schiarirmi le idee. Ma devo tornare in California e ricominciare a recitare."
"Fai qualcosa di nuovo?"
"Sì. Stavolta la terrò sotto controllo."

Il divorziato

"Qual è stata la cosa che più di ogni altra non ti ha fatto ridere?"

"Quando ho ricevuto i documenti del divorzio. Quando ho divorziato, ho scritto un biglietto con tutte le cose che amavo di lei e glielo dato. Dopo averlo letto, è diventata molto emotiva e ha iniziato a piangere. Poi, tre giorni dopo, mi ha scritto un biglietto simile. L'ha scritto sul retro di un pezzo di carta riciclato, un annuncio pubblicitario o qualcosa del genere. Così l'ho chiamata," e disse:

"Sapevo che stavi per chiedermelo. Se t'importa, non dovrebbe dispiacerti sapere su cosa è stato scritto." Le risposi:

"Beh, penso che avresti dovuto scriverlo su un pezzo di carta pulito."

"È difficile abituarsi. Ogni notte leggevo una storia a mio figlio prima di dormire, poi l'ho fatto solo una o due volte la settimana. È stato difficile smettere. Tutto è successo senza il mio consenso. Basta una sola persona per volere il divorzio. E quella persona non ero io. Quando ho presentato richiesta di divorzio, ha preso mio figlio e l'ha portato in una casa di accoglienza contro la violenza domestica. Quando una donna entra in un centro contro la violenza domestica, nessuno fa domande. Quindi, ha aggirato il sistema e ha rivolto la colpa contro di me. Ha ottenuto un ordine di protezione contro di me, perciò sono stato completamente isolato da mio figlio. Ha ricevuto assistenza legale gratuita. Alla fine, uno psicologo forense nominato dal tribunale ha stabilito che era tutto falso, e così ho avuto il riconoscimento di piena custodia su mio figlio. Sono stati i cinque mesi più infernali della mia vita. Tutti l'avevano creduto. La gente ha smesso di salutarmi per strada. Ora sono separato definitivamente con mia moglie."

L'omicida

"Sono stato in prigione trentasette anni per aver fatto qualcosa che non avrei dovuto fare."
"Che cosa hai fatto?"
"Qualcuno mi ha spinto a farlo. Perciò ho ucciso."

Il giorno del matrimonio

"Sono rimasta incinta quando avevo diciannove anni. Abbiamo deciso di aspettare il matrimonio fino a quando non avremmo potuto permettercelo. Solo perché abbiamo avuto un bambino fuori dal matrimonio, non significa che non meritiamo un matrimonio tradizionale. Per il giorno del matrimonio aspetto l'anello nuziale, e desidero indossare il vestito di mia madre con lo strascico lungo."

Il futuro di un bambino

"Perché indossi un vestito da pilota?"
 "Lo indosso tutti i giorni."
"Vuoi diventare un pilota da grande?"
"No, voglio essere un insegnante."
"Perché non indossi un abbigliamento da insegnante?"
"Perché non ne ho."

Innamorarsi sempre

"Prima di entrare in seminario, m'innamorai di Dio. Dopo alcuni mesi in seminario, mi sono innamorato della filosofia. Dopo due anni trascorsi in seminario, mi sono innamorato di una ragazza."

Schizofrenia

"Mi sono curato dalla schizofrenia."
"Come hai fatto?"
"Ho smesso di ascoltare le voci dentro di me."

Come chiedere soldi ai genitori

"Mia sorella mi ha insegnato come chiedere soldi ai miei genitori. Per prima cosa fai loro un complimento. Dopo parli della tua giornata. Poi gli dici dei tuoi voti. Allora chiedi soldi."

La tossicodipendente

"Ho pianto la prima volta che ho preso l'eroina. Non avrei mai voluto farlo. Ne ho sempre parlato male. Ma all'epoca avevo 245 sterline ed ero con il primo ragazzo che aveva dimostrato interesse per me. Così l'ho fatto per sentirmi accettata. Ho sempre pensato di essere molto intelligente, anche se sono una tossicodipendente. Canto, scrivo poesie e avrei potuto fare tante altre cose. Ora piango ogni giorno della mia vita, e mi chiedo perché mi è successo."

Una mamma in pena

"Non appena avrò finito il programma di recupero, mi restituiranno i miei figli. Ho bisogno di tornare da loro. Sono tutto ciò che ho."

Il bambino naturalista

124

"Devi essere concentrato e trovare un insetto che non sia troppo grande. Lo sollevi e lo metti nel tuo barattolo d'insetti. Ma se non ti piace, lo riporti indietro e lo rimetti a posto, sotto la pietra."
"Ho trovato una coccinella, uno scarafaggio e un piccolo insetto che non conosco."
"Allora sei bravo."

Un'infanzia drammatica

"Mio padre si fissa sul fatto che sto diventando come mia madre. Si separarono quando io ero piccola, perché era una pessima alcolizzata. Mio padre ha avuto la mia custodia, e mia madre è tornata in Africa. Non le ho parlato molto, ma l'ho visitata per un mese quando avevo otto anni; c'erano momenti in cui si ubriacava e mi strappava i capelli e mi pregava di dirle che le volevo bene. Alcuni mesi dopo essere tornata a casa, cadde da una barca e si fece male. Mio padre ed io eravamo molto vicini mentre crescevo. Ma ora che sono al liceo, mi limita molto. Mi porta via il telefono, il mio coprifuoco prima di ogni cosa. È convinto che abbia gli amici sbagliati che mi stanno trascinando giù. Penso solo di essere un adolescente, ma lui è convinto di essere in una sorta di spirale negativa. Mi dice che un giorno lo ringrazierò."

L'importanza di scrivere un diario

"Sono allergica a scrivere un diario. Ma lo faccio lo stesso, perché penso che un giorno scriverò qualcosa che prima non sapevo."

L'intervista

"Ho avuto un'intervista dalla Goldman Sachs. È stato un disastro totale. Sono stati molto cordiali per le prime sei ore, ho pensato che andassi alla grande. Poi alla fine, quando il mio cervello si stava riducendo in poltiglia, hanno trovato in me una mente confusa che mi ha schiacciato."

Il racconto di un ubriaco

"Ricordi qual è stato il momento più triste della tua vita?"

"Quando ho perso i miei figli in un incidente d'auto. Gli stavo accompagnando a scuola, e questo stronzo, con il suo camion, ha scavalcato il marciapiede e ha ucciso i miei bambini. Solo Naomi si è salvata. Darrell, Joshua e Jessica sono morti. Questo tragico momento lo rivivo ogni giorno."

"Pensi che sia ubriaco?"

"L'ho rivisto di nuovo. Abbiamo parlato dei suoi figli. Naomi, Darrell, Joshua e Jessica, e cominciò a diventare molto triste."

"Ci penso ogni giorno," mi disse.

"Dove sono adesso?" Ho chiesto.

"Vivono tutti a Los Angeles," rispose.

"E l'incidente d'auto?" Ho chiesto.

"Quale incidente d'auto?"

L'artista innamorato

"Ogni volta che facevo uno spettacolo nel parco, Doris veniva sempre a vedermi. Un giorno, senza avermi avvertito, si avvicinò e mi diede il ritaglio di un articolo di giornale che parlava di me, da un abitante del villaggio. Ho pensato che fosse la cosa più bella. Così ho scattato una foto con lei, l'ho stampata e gliel'ho consegnata il giorno dopo. Un altro giorno, mi porta un altro campionario di articoli sulle marionette. A questo punto, ho davvero iniziato a innamorarmi di lei. Così ho pensato: Doris continua a stimolarmi. Quindi, devo fare qualcosa di veramente bello per lei."

Gli effetti degli allucinogeni

"I bambini piccoli sono in contatto diretto con la realtà. Vivono il mondo attraverso i loro sensi. E quando le persone invecchiano, iniziamo a pensare troppo e ci formiamo un'idea diversa della realtà. Perdiamo il contatto con la realtà stessa, perché la realtà non è un'idea ... è la realtà. Fortunatamente c'è l'LSD."

L'energia femminile

"Sono contento di aver avuto una figlia. Da quando mia nonna è morta, ho avuto bisogno dell'energia femminile nella mia vita. Lei è una buona energia. Voglio dire che quando le cose vanno male, un uomo può dirti che tutto andrà bene. Ma non è come può dirtelo una donna."

Una vera amica

"La mia amica mi aiuta a fare i compiti di matematica.
Quando finisco di contare con le mie dita, mi lascia usa-
re anche le sue."

Un consiglio per stare bene

"Se potessi dare un consiglio a un gruppo di persone, quale sarebbe?"
"Fai del tuo meglio per affrontare la vita senza ammalarti."
"Intendi droghe?"
"Intendo droghe, cibo, shopping, denaro, qualunque cosa. Io non giudico nessuno. Sono stato dipendente dall'eroina per anni. Ma ora ho imparato che ogni vizio passerà, se gli dai tempo. E se impari a gestire i tuoi vizi, passeranno ogni volta più velocemente. Quindi, non affrontarli con medicine, ma occupati di loro ad ogni momento."

La conversione

134

"È stato un periodo drammatico della mia vita. Ero diventato dipendente della droga, e di recente, mi ero fatto un'overdose di acido ed ecstasy. Mi sentivo come se fossi disintegrato come persona. Non sapevo chi fossi. Un giorno mi sentivo una persona, e il giorno dopo mi sentivo una persona diversa. Così, un giorno, quando mi sentivo particolarmente demoralizzato, ho fatto una lunga camminata dalla 137esima strada alla 34esima. Sulla via del ritorno mi sono fermato in una chiesa, mi sono seduto lì per un lungo periodo, e ho trovato Dio."

Il piccolo matematico

"Vorrei essere un avvocato. Ma solo un avvocato difensore. Perché sono molto più bravo a difendere le persone che ad accusarle. Ma vorrei solo difendere le persone gentili. Inoltre, sono intelligente. Conosco tante cose di matematica. Chiedimi qualunque cosa di matematica."
"Proviamo la moltiplicazione!"
"Quanto fa cinque volte sedici?"
"Questo è facile per le mie capacità. Ottanta. Vuoi conoscere una strategia per moltiplicare i numeri a due cifre?"
"Sì."

Parlare con i gatti

"Sono amico dei gatti. Ne avevo uno, ma è scappato. Per farmelo amico, ho dovuto parlare molto con lui, anche se è stato molto difficile. Il più delle volte, ho fallito. Tutti pensano che sia un fanatico."

Il cuore d'oro di un bambino

"Mio figlio Louis è diverso. Ha ancora il cuore di un bambino. Ieri aveva cinque dollari per comprarsi un costume di Halloween, ha visto un ragazzo che conosceva mentre camminava verso il negozio, e ha scelto di comprargli un costume. Gli dico sempre: sei diverso, Louis. E va bene. Quando vuole giocare, lo accompagno fino a Central Park, perché non voglio davvero che cambi."

Il sindacalista

"Sono stato un sindacalista per trentaquattro anni, fino ad andare in pensione. Ho lavorato al World Trade Center, al City Field, al Museo di Storia Naturale, alla Trump Tower, alla Penn Station. Le mie impronte digitali sono su tanti edifici di questa città."

Pensieri di un'adolescente

139

"Sto cercando di non odiare il mio corpo. Amo i miei capelli e le mie mani, ma tutto il resto non mi dispiacerebbe cambiarlo."

Il giorno del compleanno

"Nessuno è venuto alla mia festa di compleanno. Ho un vivo ricordo di quando ho aiutato mia madre a sistemare il tavolo, poi a guardare attraverso la finestra mentre il sole lentamente tramontava, prima di rendermi conto che nessuno stava arrivando. Quel giorno è stato davvero molto triste."

Il ricordo più bello

"Ti ricordi il giorno più bello che abbiamo trascorso insieme?"
"La vigilia di Natale a Kabul, quando bevemmo una bottiglia di champagne al ristorante francese e ti ubriacavi per la prima volta."
"E tu?"
"Quando eravamo in Sudafrica durante la coppa del mondo e siamo andati in quel safari nel parco vicino al Botswana; c'era lì ogni specie di animale radunato nello stesso momento."

Una relazione finita male

"Ci frequentavamo da tre anni, di tanto in tanto. Decisi che non volevo una relazione seria, e ogni volta che cercavo di rompere con lei, minacciava di uccidersi. Un giorno non ha risposto ai miei messaggi, allora mi ha mandato un video, dove ingoiava delle pillole. Ha iniziato a mandarmi nuovamente dei messaggi, dicendo che si sarebbe fatta male. Era la quinta volta che l'aveva fatto, perciò non ho nemmeno risposto. Quella notte, s'impiccò con un guinzaglio di cane."

Le sorelle

"Qual è la migliore qualità di tua sorella?"
"Che cosa significa qualità?"
"Qual è la parte migliore della sua personalità?
"Non ha ancora una personalità, è ancora piccola!"

La moglie intellettuale

"Mia moglie è molto più intellettuale di me. In effetti, uno dei suoi amici ha letto un versetto dell'*Odissea* durante il nostro matrimonio. Io preferisco i fumetti. Penso che all'inizio l'abbia infastidita. Non ho più voluto leggere i suoi libri perché mi correggeva sempre. Ma penso che sia arrivata ad apprezzare che sono saggio in altri modi. Penso di essere più bravo a conoscere le persone, ad esempio. Perciò, ora fa le sue scoperte intellettuali senza di me. Faccio colazione al mattino in casa, mentre lei va al bar e annota James Joyce. Sono serio, lo fa ogni mattina!"

Bisogna creare opportunità

"Ho visto un sacco di persone che hanno fatto peggio di me nella scuola d'arte. Sono andate avanti per fare i loro spettacoli, e ho deciso che alcune persone sanno solo come fare le mosse. Ho sempre sperato che dopo essermi laureato, qualcuno mi avrebbe scoperto, ma in realtà non funziona così. Bisogna creare opportunità, ma non sono bravo in questo perché sono troppo calmo nelle relazioni sociali. Di solito finisco per scoraggiarmi e tornare nella mia cantina a dipingere."

"Sto avendo dei problemi con la società."
"Di che tipo?"
"Non riesco a inserirmi."

Il momento del parto

"Mia moglie era giovane e in salute, eravamo abbastanza tranquilli, riguardo alla nascita di nostra figlia. Avevamo pensato anche a una nascita naturale in casa. Poi una sera, prima che nascesse, e mentre cenavo, ricevetti una telefonata dall'ospedale. Mi dissero che le piastrine di Marwa erano molto basse. Dovevo portare un cambio di vestiti e andare immediatamente all'ospedale. Andai subito, i medici la misero in un altro letto e la collegarono a tante macchine. Nessuno di loro sembrava preoccupato." Marwa vedendomi disse:
"Se mi succede qualcosa, prenditi cura di nostra figlia."
"In quel momento scoppiai in lacrime."

Il matrimonio

"Porto ancora l'anello nuziale. Non avevo mai pensato di sposarmi, volevo restare scapolo. Siamo stati poco tempo insieme, ma durante quel periodo, tutto ciò a cui pensavo era come farla sorridere. Mi sentivo come se mi appartenesse. Provavo un sentimento del genere. Le ho proposto di andare ad Amsterdam per il viaggio di nozze. Quando siamo arrivati, siamo saliti su una bici tandem, e abbiamo percorso tutta la città. E mentre rientravamo in albergo, vedemmo una barca ormeggiata in un canale vicino; sul retro c'era scritto: un altro giorno perfetto. Così abbiamo inciso queste parole sui nostri anelli."

Quando il cuore fa i capricci

"Il parto è andato bene. Teela nacque prematura, quindi la presero e la misero dietro un vetro sotto una luce blu. Nei giorni successivi andai avanti e indietro tra la stanza di Marwa e quella in cui Teela era sotto la luce blu. Alla fine Marwa è migliorata al punto di poter sedere su una sedia a rotelle, così l'ho spinta in fondo al corridoio per incontrare nostra figlia. Abbiamo fatto una foto insieme. Più tardi, di pomeriggio, abbiamo preparato Marwa per una TAC. Sua sorella l'aiutava a tenere in ordine i suoi capelli. All'improvviso Marwa si alzò bruscamente, era spaventata, come se avesse visto un fantasma. Cadde verso di me, la strinsi tra le braccia e iniziò ad avere un collasso. I medici mi hanno trascinato via e ho iniziato a litigare con loro, mentre la portavano via, in terapia intensiva. Mi dissero che potevo andare a casa, ma quel giorno ho dormito nella sala d'aspetto. Quella notte il dottore mi chiamò al cellulare e disse: ora può venire.

Quando sono arrivato in terapia intensiva, non respirava per un po'. Ero in piedi proprio davanti a lei, mi dissero che il misuratore di frequenza era diventato piatto, allora due uomini robusti hanno iniziato a batterla sul

petto e il cuore ha ripreso a battere. Allora il dottore si voltò verso di me," e disse:
"La lasciamo qui, si prenda tutto il tempo che le serve."
"E quando mi hanno lasciato solo, ero come un pazzo. Non sapevo cosa fare. Ho iniziato a fotografare le sue mani e i suoi piedi e le ho tagliato una ciocca di capelli. Quando sono uscito dalla stanza, mi sono sentito completamente vuoto."

Il libro dei poveri

"Circolano due libri in America: uno per i poveri e uno per i ricchi. Il povero fa un crimine e ottiene quarant'anni di prigione. Una persona ricca invece riceve uno schiaffo sul viso, per lo stesso crimine. Dicono che la persona povera non vuole lavorare e avere solo una dispensa ben fornita."

"Bene. Io ho lavorato nei campi di cotone fino all'età di tredici anni, ho lasciato l'Alabama e ho studiato per le strade di New York. Ho guidato un camion percorrendo lunghe distanze per tutta la vita e mai una volta ho preso una multa. Ho mandato quattro figli al college. Ma dicono che tutti i poveri lo fanno. Guarda in questa borsa accanto a me, ho poche cose. Ma vedi, anche se faccio del bene, appartengo sempre al libro dei poveri."

Un quartiere carino

"Sono andato a scuola in un quartiere molto carino. Ho giocato nella squadra di basket e siamo stati ammessi al campionato dello stato, quindi tutti mi hanno trattato come un re. Non ho mai voluto dire loro dove vivevo prima."

Voglio diventare un poliziotto

"Voglio diventare un poliziotto, ma non lo dico alle persone del mio quartiere. Non voglio che mi guardino in modo diverso. La polizia da queste parti sembra funzionare in base al presupposto che tu sia un criminale. Ti chiedono il tuo documento d'identità davanti al tuo stesso edificio. Ti chiedono dove stai andando. Ti chiedono se hai droghe. Dicci loro la verità, ma viene mal interpretata, come se stessi cercando di coprire qualcosa. Quando andavo a scuola a Riverdale, ho visto come la polizia agiva in modo diverso. Se ti vede camminare per strada dice: oh. È solo un ragazzino del vicinato."

L'arte di arrangiarsi

"Sono attrice e modella. Ma per le prossime quattro ore sono una hostess. Perché ho bisogno di cento dollari."

La mancata conversazione

"Questo è il mio vicino di casa. Parla solo cinese, quindi non abbiamo mai avuto una vera conversazione. Ma lui mi ha portato una manciata di caramelle ogni giorno, per vent'anni."

Una ragazza vanitosa

"Sono in ritardo per lo spettacolo. Puoi provare a scattarmi una foto mentre aspetto un taxi."

Una vita di povertà

"Mia madre mi ha sempre lasciata sola in casa e senza cibo, quindi ho mangiato solo a scuola. E non abbiamo mai avuto l'elettricità. Così, ogni notte dovevo fare i compiti nel corridoio."
"Ricordi il momento più felice della tua vita?"
"Sì. Quando ho ottenuto la borsa di studio a Georgetown."

Quando il cervello è danneggiato

"Avevo quaranta acri e una nuova casa in California. Stavo lavorando come scalpellino. Posso guadagnare seimila dollari in poche settimane. Una notte, rientrando a casa, qualcuno ha cercato di uccidermi. Il mio cervello è stato danneggiato. Ho perso il senso dell'olfatto, del gusto, la maggior parte del mio udito, e ora riesco a malapena a stare in piedi senza avere le vertigini. Per lo spavento devo essere caduto e sbattuto la testa. Ho tentato di suicidarmi diverse volte."

I due amici

159

"Ci siamo incontrati quarantotto anni fa a una festa di Halloween, eravamo gli unici a non indossare il costume."

Il bello di piacere agli altri

"Una collega ha chiesto il mio numero di telefono l'altro giorno. I miei amici l'hanno saputo e hanno detto: deve avere una cotta per gli indiani. Allora mi sono chiesto: sono un tipo, o forse sono davvero fottutamente figo?"

La perdita di un padre

"Suo padre è morto pochi mesi fa in un incidente mo-
tociclistico. Stavamo parlando di suo padre qualche
giorno fa e mi ha chiesto perché il mondo è così. Non
sapevo cosa rispondergli."

La legge del mare

"Preferisco le leggi del mare a quelle della terra. Le leggi marittime esistono solo per garantire un passaggio sicuro. Non ci sono scappatoie o pregiudizi per favorire le navi più potenti. Ogni nave è uguale e nessuno è più potente del mare."

La carriera

"Sono venuto in America circa due mesi fa. Ho iniziato a lavorare poco dopo il mio arrivo dal Ghana in un negozio, come garzone. Certi giorni il lavoro si presentava molto duro, sacchi da impilare e scatoloni da trasportare. Ma sono un gran lavoratore. Mi hanno detto che, se avessi fatto un buon lavoro da ragazzo, alla fine mi avrebbero trasferito alle vendite. E grazie a Dio, hanno mantenuto la promessa."

La *band*

"La *band* si è sciolta. Ma è stato come un arrivederci. Abbiamo trovato delle nuove persone. E sai una cosa? La *band* va molto meglio adesso."

La foto su Facebook

"Tanta gente mi ha salutato di recente.
Penso che mia figlia abbia messo la mia foto su Facebook."

"Sono orgoglioso di quanto sto facendo per spiegare tutto a mio figlio. Recentemente abbiamo imparato che le persone non sempre fanno quello che dicono."

La separazione

167

"Ho a che fare con le conseguenze di una separazione davvero orribile."
"Cosa c'è di così orribile?"
"Beh, ero fidanzata. E ora non lo sono più. Ho deciso di stare con una persona diversa."
"Diversa come?"
"Sono passati quattro anni, ma ancora non l'ho capito."

L'appuntamento

168

"Ho detto alla mia ragazza che se voleva ricominciare da capo, potevamo incontrarci dove ci siamo baciati la prima volta. Ma, doveva essere qui... quindici minuti fa."

Il sogno del regista

"Ho fatto un sogno. Non ero un professionista, ma potevo filmare le cose da diverse posizioni. Avevo a disposizione un intero canale youtube con diversi bambini che facevano gare di rap. Ci ho lavorato parecchio, ma nessuno, tranne i miei amici, l'ha mai guardato. Mi hanno detto che stavo sprecando il mio tempo. Così un giorno mi sono arrabbiato con la vita, e ho iniziato a cancellare i miei ricordi, fino a quando non se ne fossero andati via dalla mia mente."

Il cantante lirico

"Sono un cantante d'opera lirica."
"Qual è la nota più alta che puoi fare?"
"Un fa acuto"
"Come suona?"
"Così: faaaaaaaaaaaaaaaaaa!"

La neve

"Dicono che domani nevicherà."
"Bene. Ho appena preso una bottiglia di whisky. Quindi, lasciamo pure che nevichi."

Condividere l'amore

"C'è una ragazza di cui sono amico, e sai, mi piace, ma non so se io le piaccio ..."
"Ti dispiace se lo condivido?"
"Non lo so, ma se lo condividi, potrebbe capirlo."
"Sicuramente lo capirà."
" Allora fallo."

La ricchezza dei figli

"Ho lavorato per quarantacinque anni, e così anche mia moglie. Ma non abbiamo soldi. E sai perché? Perché i miei cinque figli hanno due corsi di laurea, un master e due dottorati. Sono loro la nostra ricchezza."

"Mi dispiace, devo andare. Se dico in casa che ho fatto tardi a causa di un'intervista, non ci crederanno. Non posso trattenermi neppure un secondo."

Il metallaro

175

"Visti da fuori sembriamo molto aggressivi e anticonformisti. In effetti, otteniamo tutta la nostra aggressività dalla musica. Ma in realtà siamo una comunità molto amorevole. Non importa da dove vieni, o quanti soldi hai, un metallaro... è un metallaro."

L'antirazzista

176

"È successo subito dopo il passaggio dell'uragano Katrina. Avevo vent'anni, e nel bel mezzo di una fase politica. Non avevo impegni quell'estate. Mi sono detto: la gente razzista sta aumentando a New Orleans! Devo andare subito laggiù!"

L'atleta

177

"Il mio obiettivo è di correre i 400 metri con la squadra nazionale di atletica Dominicana. Sono a circa due secondi di distanza. Ma negli ultimi due secondi mi ci sono voluti quattro anni!"

Uno spettacolo emozionante

"Mio figlio ha lavorato al novantunesimo piano della Torre Nord. Tutta la famiglia era riunita nel mio appartamento intorno alla TV. Quando l'abbiamo visto scendere dall'edificio, ci siamo guardati l'un l'altro e abbiamo detto: che emozione!."

Una coppia di anziani maratoneti

"Io e mia moglie corriamo le maratone in tutti e sette i continenti."
"Hai corso una maratona anche in Antartide?
"Sì. E l'abbiamo vinta!"

Lasciarsi morire

"Quando mia madre scoprì che mio padre aveva sposato un'altra donna, si lasciò morire. Ha smesso di mangiare. Tutto quello che faceva, era di fumare. È morta mentre i medici stavano facendo dei test su di lei."

Schiavo della droga

"Ho iniziato a prendere eroina per scappare dal mondo. Dopo mi sono arruolato nell'esercito per allontanarmi dall'eroina."

La partenza

"Quando avevo diciannove anni, io e il mio ragazzo stavamo andando a studiare a Parigi. I nostri amici erano venuti al porto a salutarci. Proprio mentre stavamo salendo sulla nave, il ragazzo della mia amica le disse: se un giorno anche tu te ne andassi, sappi che non ti aspetterò. Il mio fidanzato vedendo questa scena mi disse: non aspetterò neanche io, se partissi da sola."

Durante la guerra

“Il mio fidanzato è rimasto via per quasi quattro anni durante la guerra. Quando mi scriveva delle lettere, non gli era permesso scrivere dove si trovava. Quindi disegnava dei cartoni per aiutarmi a indovinare.”

"La terapia sembra che vada bene. Ieri papà mi ha detto che mi vuole bene."

Il provino

"Ho partecipato a un'audizione per il ruolo principale di conduttore nel programma televisivo Mayor. La rete mi ha portato a Los Angeles. Mi ha sistemato in un bell'albergo e mi ha presentato tutti i dirigenti. Tutto sembrava perfetto durante il test. Pensavo di averlo superato. Poi, poco prima di salire sull'aereo per tornare a New York, ho ricevuto una chiamata dal mio manager. Ha detto che ero "troppo morbido" per il ruolo."

Il dubbio

"Il mio ragazzo mi ha detto una volta che aveva tradito la sua ultima ragazza. Così ho pensato: poiché è sincero al riguardo, posso fidarmi di lui."

Litigio in strada

"Quelli sono i miei genitori Sono sposati da cinquanta-cinque anni. Due anni fa, eravamo in visita in Italia. Li ho beccati entrambi a litigare in un angolo di una strada. Ho scattato una foto mentre la mamma era appoggiata contro un muro, e papà la insultava."

L'eredità

"Pensavo di avere una famiglia molto unita, fino a quando mia nonna è morta senza lasciare alcun testamento."

Il desiderio di fare sport

189

"Il rugby non l'ho mai preso sul serio finora, ma ho un sacco di tempo davanti a me."

Un cuore spezzato

"Ho il cuore spezzato. La mia ragazza ha detto che le piaceva un altro ragazzo mentre eravamo seduti in classe, così ho detto all'insegnante che avevo bisogno di andare in bagno, e ho cominciato a piangere."

Le amiche gay

“Eravamo le migliori amiche della scuola superiore. Sapevo che era gay. Lei però non sapeva che lo ero anch'io.”
“Quindi, come l'ha scoperto?”
“Le ho scritto una lettera d'amore.”

La carriera e il posto di lavoro

"Dico sempre alle mie figlie che hanno bisogno di un'istruzione universitaria in modo che possano avere una carriera e un buon posto di lavoro. Io ho due posti di lavoro, ma non ho ancora una carriera."

Un bambino prodigio

Di solito devo avvicinare le persone per le loro citazioni. Ma questo ragazzo si è avvicinato a me, ha tenuto il diploma in aria e ha urlato:
"Ho suonato alla Carnegie Hall!"

Nessuna eccezione a se stessi

"Sono un professore di filosofia. Dico sempre ai miei studenti di non fare mai un'eccezione a se stessi. Alla gente piace fare eccezioni. Insegnano agli altri i codici morali, ma loro non sono disposti a seguirli. Ad esempio, le persone tendono a pensare che se mentono, è perché era assolutamente necessario. Ma se qualcun altro mente, significa che sono disonesti. Quindi non fare mai un'eccezione a te stesso. Se sei un ladro, non lamentarti di essere derubato."

Sentirsi soli

"Il mio migliore amico si è suicidato. Penso che, come tante persone che si tolgono la vita, si sentisse molto solo. Era appena tornato dal college, viveva con i suoi genitori ed era in una brutta situazione. Mi sono sempre sentito in colpa per le mie ultime parole che gli ho detto. Sono andato un giorno a trovarlo a casa dei suoi genitori, e mentre andavo via, gli ho detto: questa è una brutta situazione. Devi uscire da qui."

Una coppia affiatata

"Qual è la cosa più bella che preferisci di lei?"
"La sua intelligenza."
"Che cosa ti ha colpito della sua intelligenza?"
"La conduzione finanziaria della mia azienda."

Una foto per il marketing

“Fammi un favore. Manda questa foto a ogni agenzia di modelle in città, e di loro che hai trovato una faccia che farà davvero acquistare i loro prodotti.”

Un padre senzatetto

"Mia figlia vive in Pennsylvania. Sta lavorando in una casa di cura e sta studiando per diventare ragioniera. Non le dico che sono un senzatetto. Ne ha abbastanza di cui preoccuparsi. Le dico solo che sono in pensione."

Che cosa farò da grande

"Vorrei essere una pornostar. Ma penso che la cosa imbarazzerebbe troppo mia madre."

Il batterista

200

"Ho visto un batterista a Central Park prestare le sue
bacchette a un ragazzino, in modo da suonare la batte-
ria. Dieci minuti dopo, stava succedendo qualcosa
d'incredibile... tutti i bambini volevano provare."

Un papà fotografo

201

"Sbrigati a fare la foto papà, mi fa male la gamba stare a lungo in questa posizione."

Il rapimento

"Il mio ragazzo mi ha rapita l'anno scorso, e da allora mi ha portato in giro per il mondo."

Il tatuaggio

"Nel braccio ho fatto incidere le coordinate della cabina
in Arizona dove sono quasi morto per avvelenamento
da monossido di carbonio. È soltanto un promemoria."

Mia figlia non parla

"Sono un po' preoccupato per mia figlia, perché ha due anni e non sta ancora parlando. Tutti mi dicono che dovrebbe già parlare e vedo tanti altri bambini avere poche relazioni tra loro. Ma ha solo due anni, quindi gli daremo un altro anno."

La tristezza

“Sono sempre triste.”
“Ci sono dei pensieri associati alla tristezza?”
“No. È come quando sei in campeggio, fa molto freddo e metti doppi calzini, o un maglione in più, ma non riesci ancora a scaldarti, perché il freddo è nelle tue ossa.”

La prima intervista

"Non capisco i miei sentimenti. A volte mi sento triste e non so perché. Poi a volte mi sento sciocca, e non so nemmeno perché. Ora mi sento bene, perché questa è la mia prima intervista."

Preferisco stare solo

"Cerco di stare lontano dalle altre persone. Non mi piace dover continuare a fingere tutto il tempo, è estenuante. Devo sempre inventare piccole storie per uscire dalle situazioni sociali. Preferirei essere solo, a guardare dei film. Mi piace osservare gli attori. Fingono sempre, proprio come me."

Incontri sul social

208

"Ci siamo incontrati sul portale Craig list. Ha pubblicato un annuncio per cercare una ragazza tatuata dal cuore tenero. Quando è venuto a prendermi la prima volta, è sceso e si è appoggiato al suo camion con le braccia incrociate, cercando di sembrare un duro."

Il mancato suicidio

"Ricordi il momento più triste della tua vita?"
"Sì. Quando ho tentato il suicidio... e son rimasto ancora vivo."

Mio padre

"Mio padre è morto per un tumore al cervello il giorno del mio quattordicesimo compleanno. Aveva molti problemi mentali. Certe volte credeva di essere il Messia e poteva fare qualsiasi cosa. Era strano, era quello che non aveva mai creduto in me. D'altra parte, si sentiva vuoto interiormente"

I nostri occhi

"Siamo entrambi oculisti."
"Qual è l'aspetto di cui la maggior parte della gente non si rende conto?"
"Gli occhi. Ciò che vediamo non è determinato solo da ciò che passa attraverso gli occhi. Ciò che vediamo è influenzato dai nostri ricordi, dai nostri sentimenti e da ciò che abbiamo visto prima."

Una grande cuoca

"Julia Child, nota per essere una grande cuoca, avrebbe festeggiato 101 anni la scorsa settimana. Festeggio il suo compleanno ogni anno. Quest'anno ho cucinato una zuppa di melanzane fumosa e l'ho mangiata a Central Park."
"Eri da solo?"
 "Ovviamente sì.. amo stare da solo."

Lezione di yoga

213

"Non riesco a trovare pace nella mia lezione quotidiana di yoga. Qualcuno ha fatto irruzione nella casa e ha iniziato a litigare con l'istruttore."

Il problema della lingua

"Sono venuto dalla Tailandia un mese fa. È molto difficile per me, come si dice, comunicare con qualcuno.
Non posso dire nulla a causa della mia lingua. Mi fa
sembrare un pazzo."

Essere me stessa

215

"Sto cercando di essere me stessa. Ma è difficile essere me stessa, perché alla gente potrebbe non piacere chi sono veramente."
"E chi sei, davvero?"
"Non lo so ancora."

Il gusto del bello

"Tutto è bellezza per me. Il mondo è come una festa d'amore per i miei occhi. Guarda questo tappeto nell'ufficio della mia terapista. È favoloso!"

La santa che abbraccia

"Questa è la mia insegnante, una santona indiana. La chiamano 'la santa che abbraccia'. Ha abbracciato 30 milioni di persone. A volte si siede in un posto per venti ore e abbraccia 15.000 persone. Probabilmente l'ho abbracciata più di duecento volte."

Lo spazzaneve

218

"Il nostro quartiere ha ottenuto dal sindaco questo spazzaneve, così nessuno ha attacchi di cuore quando spala la neve."

Essere autentico

"È davvero difficile essere autentico. A volte ho successo, ma altre volte ci ripenso, e saltano fuori un sacco di cazzate."

Un'aspirante disegnatrice

"Diventerò una grande disegnatrice."
"Hai qualche consiglio per un'altra disegnatrice?"
"Sì. Non premere forte con i pastelli."

Indice

Dello stesso autore

In Libreria digitale e in Ebook
AMAZON.IT

Finito di stampare nel mese di giugno 2018

www.ingramcontent.com/pod-product-compliance
Lightning Source LLC
Chambersburg PA
CBHW051043250726
48656CB00001B/121